Enclosing Leadership

Los retos de 2017

Entre el 17 y 20 de enero próximo, se celebrará un nuevo encuentro anual del *"World Economic Forum"* en la ciudad suiza de Davos. Vale la pena destacar lo que dice en su Web como para que los líderes mundiales no lo olviden: "vivimos en un mundo acelerado e interconectado donde las tecnologías revolucionarias, los cambios demográficos y las transformaciones políticas tienen consecuencias sociales y económicas de largo alcance. Más que nunca, los líderes necesitan compartir ideas e innovaciones sobre cómo navegar mejor en el futuro".

Desde el Foro ECOFIN no podemos dejar de coincidir con esta visión con la que con matices diferentes, años tras año se pretende dar desde Davos. Pero la cuestión es si los líderes mundiales, políticos y representantes de las más importantes organizaciones a escala global, una vez que dejan la paradisíaca localidad suiza, están realmente persuadidos de que el tiempo corre y que las medidas de políticas para mejorar la calidad de vida de los ciudadanos, no pueden sufrir demoras.

Parece ser que si bien están muy concienciados al respecto, sigue habiendo dificultades en la implementación de las medidas de política necesarias, para por ejemplo, palear la desigualdad, que sigue siendo uno de los factores económicos más desequilibradores e injustos del desarrollo de los pueblos. Pero es que a nivel del mundo desarrollado, en el mismísimo corazón de Europa, basta ver el comportamiento de economías como la griega, portuguesa, italiana, francesa y española, como para ver que desde los objetivos loables de Davos y de Naciones Unidas hasta el momento en que los problemas se encarrilan, hay un largo trecho.

Y esto lo confirmamos con otro ejemplo palmario: los objetivos del milenio de Naciones Unidas. Originalmente los objetivos para erradicar la pobreza extrema, el hambre y el sida terminaban en 2016. ¿Qué ha sucedido? Que era sabido su imposible cumplimiento, por ello, durante este año se ha puesto en marcha oficialmente la audaz y transformadora *"Agenda 2030 para el Desarrollo Sostenible"* que fue adoptada por líderes mundiales en septiembre pasado en las Naciones Unidas, que insta a los países a iniciar esfuerzos para lograr 17 Objetivos de Desarrollo Sostenible (ODS) en los próximos 15 años.

Ban Ki-moon afirmaba que "los diecisiete Objetivos del Desarrollo Sostenible son nuestra visión compartida de la humanidad y un contrato social entre los líderes del mundo y los ciudadanos". Se decía también que se trataba de una lista de tareas para las personas y el planeta. Que era un plan para el éxito. Permítasenos poner en duda, no la credibilidad del secretario general de Naciones Unidas ni los buenos fines de la institución, sino que una vez más la humanidad se quedará corta con las estimaciones. ¿Qué consecuencias traerán consigo este nuevo error en las previsiones? Que nuevamente millones de ciudadanos del orbe tendrán padecimientos provocados por la pobreza, desigualdades, enfermedades y las terribles guerras que siempre siguen estando presentes en algún rincón del mundo.

Desde esta tribuna hacemos un llamado a los líderes mundiales de lo que está en juego en nuestro planeta si no se toman en serio los tres problemas capitales de nuestra civilización: el cambio climático, las guerras y la pobreza. Tampoco somos tan ingenuos en pensar que por hacer este tipo de llamamientos a la Comunidad Internacional, los líderes mundiales de manera directa tomarán nota y actuarán en consecuencia. ¡No! Pero sí estarán más proclives a hacerlo, porque la sociedad mundial ha cambiado. Hay una movilización ciudadana muy importante gracias a las redes sociales e Internet, que prácticamente en tiempo real los ciudadanos tienen la posibilidad no sólo de informarse, sino de recibir diversas fuentes de información, sea de testigos directos, como de opiniones, debates, comentarios, etc.

Ahora bien, desde esta tribuna de doctrina de Management y liderazgo, nos preocupan dos temas también trascendentes:

- Si se reacciona ante un determinado problema.

- Si la reacción es correcta, proporcionada y oportuna.

Y la trascendencia de estas dos cuestiones no puede estar en discusión, por las razones ya detalladas en cuanto a los objetivos del Foro de Davos o del Milenio de Naciones Unidas.

Si bien la intencionalidad de los líderes mundiales sigue siendo buena, no creemos que mucho haya cambiado en cuanto a la capacidad de implementación de la clase política en este momento en el que estamos a punto de atravesar el umbral de 2017. Pero lo que sí estamos persuadidos, es que cada día en que la ciudadanía tiene más información y acceso a discusiones sobre los problemas que nos afligen, más exigencia se produce de manera automática a los líderes.

Esto lo hemos visto con lo que se ha dado en llamar "la crisis de los refugiados" y en estas últimas horas con la catástrofe humanitaria que es la ciudad de Alepo. No sólo es cuestión de solucionar los problemas, para los cuales hay que hacer el correcto diagnóstico y tomar las medidas oportunas. Todo este procedimiento no sirve de nada cuando una cuestión humanitaria como la de Siria, no admite más dilaciones. Porque no sólo la rápida acción en defensa de los derechos de mujeres, niños y ancianos es imperativo tomarla, sino que es justa. El cese de la violencia y las balas son un primer paso para desactivar una región conflictiva como Siria. Condición necesaria aunque insuficiente, porque lo que más se echa en falta no es la ausencia de violencia que es imprescindible, sino la absoluta falta de justicia.

Hemos llegado a un estado de desarrollo de la civilización, en la que salvo muy pocas excepciones, como puede ser Corea del Norte u otras dictaduras que existen en el mundo (cada vez menos), se es libre de elegir, pero no en cuanto se refiere a las consecuencias de esa elección. Desde ya que contamos con un liderazgo cada vez más enraizado en las libertades de decisión, pero al mismo tiempo (esto es lo novedoso), mucho más comprometido aún con el consenso de las acciones que se implementen. O sea, el nivel de contestación social.

Rob Goffee, profesor emérito de "Organizational behaviour" (Comportamiento organizativo) en la London Business School y un consultor de renombre internacional, afirma que "las grandes empresas tienen líderes en todos sus niveles, no sólo en la parte superior", que si bien lo dice en un contexto estrictamente organizativo, nosotros lo ampliamos al ámbito de la sociedad en su conjunto y especialmente en la política.

¿Por qué esta ampliación del alcance del pensamiento de Goffee? Porque la transformación que se ha producido en las organizaciones y la sociedad en su conjunto, como consecuencia de las nuevas tecnologías, han creado unos canales de información y consecuentemente de acceso al conocimiento colectivo, como jamás había ocurrido en toda la historia. Por tanto, el acceso sin límites y en tiempo real a un nuevo conocimiento que está disponible y de manera gratuita, produce una participación obligada de las clases dirigentes para "testear" el pulso de la sociedad de manera constante. Y en este punto es el que aún están fallando. Lo vemos todos los días, por ejemplo, a nivel local de la política española.

Se van viendo si determinadas preocupaciones sociales se incrementan, por ejemplo, dentro de un comportamiento más o menos razonable o por el contrario, se dispara la contestación social en alguna materia, lo que exige que la clase política tome medidas urgentes a fin de dar respuesta a ese reclamo.

Lo que venimos observando en Europa, y en casi todos los países del mundo, es que la respuesta política se ha acelerado (aunque no necesariamente en el buen camino) frente a la irrupción de problemas que pasaron de ser localizados en determinado sector de la economía y la sociedad, a convertirse en un auténtico problema para el crecimiento y desarrollo de ese país, por ejemplo, como consecuencia de un gran desequilibrio en la distribución de la riqueza, o en la aparición de un nuevo tipo de trabajador considerado pobre, porque con los salarios bajos y precariedad laboral, no puede salir de su zona de pobreza en la que le ha dejado la crisis.

La soledad del liderazgo ya no es excusa

No nos lleva más que un instante seguir a la multitud (una corriente de opinión, por ejemplo), pero nos insume todo nuestro tiempo permanecer solos. Esta forma de focalizar desde el liderazgo de hace tan sólo diez años, en que el líder con frecuencia está solo, se ha acabado. No es útil y menos aún, una manera de dirigir personas en organizaciones o ciudadanos en un país.

Liderar no implica soledad o que los líderes están solos frente al mundo. Entramos desde hace muy poco tiempo, en un pasillo muy reducido en el que deben caber líderes y seguidores, en el caso de una organización, o ser escuchados y sentir que tienen participación real (también representación) los ciudadanos. Los espacios de poder se han reducido porque se han ampliado las posibilidades de acceso a la información y el conocimiento. Este es el cambio sustancial que se ha producido en la sociedad.

Pero además, la transformación se está dando con un grado de celeridad que a veces impresiona a los más expertos en el ejercicio del liderazgo empresarial y político, sorprendiendo por la profundidad con la que está impactando en los cimientos de la sociedad.

Una de las cuestiones a la que más atención se le está prestando en las organizaciones punteras en el presente y que aún se le prestará más en un futuro inmediato, es la formación de personal de base, mandos intermedios y también directivos. Toda organización debe poder beneficiarse de un mayor nivel de conocimiento y rendimiento de las personas. Pero eso sí: habrá personas mucho más felices porque se sentirán en gran parte realizadas sus expectativas.

Entonces podremos decir que el liderazgo no es ya cosa de "una persona" (el líder), sino de una línea de actuación en el ejercicio del liderazgo. Se pasa de jerarquía (posición de mando) a la dirección de la acción (la estrategia e implementación de las acciones). Un liderazgo moderno en el que primero prioriza el beneficio de personas y equipos (formación, capacitación, desarrollo personal y profesional, etc.) para que por efecto lógico se beneficie la organización.

La autoridad jerárquica se convierte en una técnica y moral, especialmente porque pesa muchísimo más la capacidad de influencia que un líder tenga que esa autoridad jerárquica *per se*, aunque por estructura del organigrama de la empresa deba tenerla. Y esto también es un reto para 2017 y el horizonte 2020, en el que las formas colaborativas cada vez serán más buscadas por líderes y organizaciones. Ya estamos en tiempo en que no resulte extraño hablar desde la dirección de nivel de proximidad con el personal, colaboracionismo, preocupación por las inquietudes y problemas de todas y cada una de las personas, así como la empatía, sensibilidad a determinadas cuestiones que las personas puedan plantear, etc.

Hemos entrado ya en una época en el que no sólo el líder es respetado por sus acciones y la forma en cómo se implementan, sino especialmente, en cómo afectan y comprometen a su personal. En suma, existe un auténtico coaching permanente de responsables de área con su personal, por tanto, un liderazgo compartido en los hechos y en las formas, sin necesidad de apelar a categorizaciones del pasado sobre soledad del liderazgo y similares.

Finalmente 2017 y el horizonte 2020 debe obligar a los líderes a que el factor humano sea inexorablemente el elemento principal del desarrollo de organizaciones, de manera tal que también lo sea en la percepción que a nivel macro social tengan los ciudadanos. Cuánta más humanismo tenga el liderazgo político y empresarial, más rápido serán las respuestas desde foros como el de Davos o desde iniciativas como el Plan Milenio de Naciones Unidas.

Desde el FORO ECOFIN, instamos a líderes en todos los ámbitos de actividad económica, a que no pierdan la oportunidad única que se nos está brindando en este epílogo de la segunda década del siglo XXI, de buscar la equidistancia entre beneficios y contribución social a la comunidad, desarrollo personal y profesional priorizando un liderazgo humanista dentro de un marco de igualdad en el que el género no sea el problema, sino la gran contribución que está demostrado ya hace la mujer a las organizaciones y la sociedad en su conjunto. Menos grandes líneas políticas y más sensibilidad hacia personas y familias.

El desafío digital es un poderosísimo instrumento para aprovechar a llevar adelante el cambio que aún falta introducir en la sociedad y en las empresas, en las que la convergencia de conocimiento y tecnología no se haga a expensas del factor humano, por el contario, que sea éste el primer beneficiado de la innovación y el desarrollo sostenible.

Buen feeling personal

La expresión tener "buen feeling" se ha desgastado más de la cuenta, porque se utiliza con diferentes propósitos y también diversos alcances. En cuanto a los primeros, en el ámbito laboral, es casi una regla no escrita pero de aplicación diaria, que todos los compañeros/as de departamento y/o equipo, tengan por objetivo personal agradar tanto a compañeros como a jefes, incluso algunas de las relaciones diarias derivarán en una real amistad; respecto al alcance, dependerá si la relación interpersonal se produce dentro de un grupo o se extiende a aquella que necesariamente debe tenerse con mandos intermedios, directores de departamento y la misma dirección. En todo caso, es tal la importancia que se le ha asignado al tener o no química en todos los ámbitos de las relaciones humanas, más allá del trabajo, que es lógico que a veces se le esté exigiendo un alcance que en realidad no tiene.

Lo que sí es claro, es que si bien pueden discutirse las virtudes de que en un grupo haya buen feeling entre sus miembros, si éste no existe o se encuentra dañado por alguna razón, puede afectar proyectos, trabajos, rendimiento personal y de equipo, etc. En definitiva, la buena convivencia, los espacios de wellbeing y ambientes laborales libres de tensiones negativas, exigen una dosis razonable de buen feeling.

En el trabajo diario deja de ser ese intangible percibido por cada persona, a convertirse en un instrumento tremendamente tangible de mala convivencia con consecuencias en el nivel de rendimiento, o un auténtico motivador para vertebrar grupos humanos y especialmente los equipos A que exigen un alto nivel de conocimientos, formación y experiencia.

En éstos últimos no hay tiempo que perder por cuestiones de afinidades personales. Será más una lucha que habrá que neutralizar de parte del líder, explicando cuál es el propósito de determinado proyecto que se le ha asignado al equipo, así como los motivos de la concurrencia de determinadas personas a pesar de que se conozcan las diferencias personales que existen entre ellas.

Es evidente, que además de la capacidad de dirigir personas que tenga el líder, en niveles de alta capacitación profesional y experiencia, las personas a pesar de las diferencias, se acostumbran a "comulgar con ruedas de molino", tratando de lograr un mínimo de convivencia beneficiosa para todo el grupo.

Si nos obsesionamos con que es imprescindible tener compañeras/os de viaje durante las ocho horas de jornada diaria, que sean complementarios, afines y demás atributos que conformen ese sentimiento al que referimos, tampoco sería una posición realista, porque las diferencias de opinión, criterios frente a determinada acción que debe realizarse, etc., son parte esencial de una diversidad enriquecedora que impulsa a equipos y personas a hacer las cosas bien. Se produce una competencia sana, porque si bien puedan no tener entre todos las mejores sensaciones, sí tienen claro la importancia de lograr unos mínimos de entendimiento, comprensión y flexibilidad. Es decir, todo aquello que hace que el trabajo en una organización esté sostenido por una filosofía colaborativa.

A veces por la búsqueda de una afinidad que no existe, se corre el riesgo de descuidar la complementariedad. Y esto va en detrimento de la productividad.

También es cierto que cuando el feeling es negativo o no todo lo positivo que se espera en determinado grupo, las personas por naturaleza son excluyentes y pueden sin mala intención, estar evitando conversaciones e incluso necesarias consultas para realizar una tarea, justamente por la incomodidad que se está produciendo entre una o más de ellas. Una vez más el líder deberá terciar para facilitar este tipo de comunicaciones mínimas que deban mantenerse entre miembros poco afines o peor aún, con química negativa.

Pero como todas las emociones que emanan de nuestro hemisferio derecho del cerebro, al contrarrestarse con el razonamiento crítico y analítico que reside en el hemisferio izquierdo, genera una dinámica importantísima que de manera natural (en relaciones normales entre compañeros de trabajo) tiende a buscar una cierta armonía en el diálogo y la complementariedad necesaria para realizar las tareas y asumir las responsabilidades asignadas.

Estos flujos dinámicos de sentimientos y emociones, van cambiando porque las circunstancias también lo hacen, por lo que el líder sabe que de tener que intervenir en algunos casos que han derivado en conflicto, no es justamente lo más idóneo torcer ese sentimiento que emana desde dentro de la persona pretendiendo corregirlo desde fuera, ya que puede herir susceptibilidades. Por el contario, debe explicar la necesidad de compromiso de la persona que en ese momento es más escéptica, respecto a la relación con la otra a la que se enfrenta o al mismo grupo, poniendo siempre sobre la mesa el interés colectivo y por supuesto, la eficiencia global que se genera a la organización.

El ahorro de discusiones estériles, es una fuente de recursos no dilapidados que finalmente se valora cuando se ve la eficacia con la que han actuado los diferentes miembros de un equipo, amén de las diferencias que se sabía había entre dos o más de ellos.

Hay que dar tiempo para que el que esté más afectado (eso el líder lo sabe), de forma natural se abra a nuevos espacios de confianza porque se le está pidiendo desde la dirección un compromiso y esfuerzo por el cual debe obviar diferencias y buscar puntos de encuentro. Que más allá del beneficio para equipo y empresa, se ganará en tranquilidad y a veces también en satisfacción, porque ninguna persona que se precie como normal y equilibrada, le gusta estar en disputa permanente o con un estrés exagerado no por el trabajo en sí, sino por lo que pueda opinar otra persona o qué cosas pueda decir al resto, etc. La controversia es mala consejera de la productividad empresarial en departamentos y equipos.

Cuando se abren esos espacios de confianza, aflora ese feeling mínimo que hace posible las cosas. Porque es un mito que la química personal sea algo mágico que surge y que las personas no podemos tener ningún control sobre ella. No, es también el resultado de nuestros prejuicios: la química que percibimos es en parte una fabricación nuestra, un subproducto de nuestras rabietas. De ahí que el líder tenga claro, que cuando la química personal se utiliza de manera inadecuada, a veces para justificar comportamientos inadecuados (respuestas verbales fuera de lugar o agresivas), lo único que produce es una resta en vez de una suma en la relación.

Nunca se construirá nada porque justamente sumar exige ser abiertos, flexibles y generosos con las personas. Nos llevemos mal o bien, lo que prevalece es cuánto aportamos al equipo y a la empresa. Y si se parte de una quiebra en la relación, antes o después el resultado también se resentirá. Pero no menos importante, es el resentimiento que invade la autoconfianza, compromiso y otros valores esenciales que deben preexistir entre compañeros.

Descubrir a las personas que se lo merecen

¿A cuántas personas buenas sin querer les hemos dado la espalda? ¿A cuántas no les hemos dado el tiempo suficiente para que se expresen? Ya no se trata de prejuzgar o de conducirnos por la vida a golpe de tópicos. Lo que es una especie de deporte nacional es poner etiquetas a las personas, cometiéndose a veces graves injusticias.

Pero esa persona que creíamos desde nuestro punto de vista, que no valía la pena conocer, o peor aún, que no entendíamos que virtudes le había encontrado su jefe, resulta que en los hechos, cuando tuvimos que relacionarnos con ella, ha sacado lo mejor que podía esperarse de un compañero de equipo, al mismo tiempo que nos ha obligado también a sacar lo mejor de nosotros mismos, al darnos cuenta del error con el que la habíamos considerado.

Los líderes efectivos tienen una intuición muy desarrollada para descubrir talentos detrás de personalidades aparentemente complejas ante las cuales sentíamos rechazo, porque así la química nos lo indicaba. Tremendo error.

También el líder experimentado sabe diferenciar entre lo que es la buena o mala química de su personal y la capacidad de los mismos. De esta manera, se ayuda a integrar a aquellas personas que parecía no podrían formar parte de un grupo, o que serían fuente de conflictos. La dirección de personas debe priorizar en todo momento una posición asertiva que se esfuerce en aceptar la diversidad evidente entre caracteres, pero que trabaje para conciliar dichas capacidades y experiencias en un proyecto común.

Por más que la química sea buena, también tendrá matices y diferencias inherentes a cada personalidad, por tanto entre los compañeros/as no es bueno pretender atraer a su forma de conducirse en la vida, a sus gustos, apetencias y ambiciones, a las otras personas, ya que esa química para que no se convierta en negativa, debe ser complementaria aunque diferente, flexible aunque asimétrica, en suma: la forma en que conectan las personas es tan diversa como la vida misma. Por tanto, el liderazgo efectivo debe perseguir esas conexiones y aceptar desigualdades haciendo comprender el enriquecimiento que eso conlleva.

¿Desacelerar el ritmo?

Los planteos que solemos hacernos respecto del uso del tiempo, acelerando nuestras tareas, a veces son un poco irreales o no conducen a nada positivo, porque en la creencia de que estamos haciendo bien nuestras tareas, o intentando solucionar problemas, en realidad los estamos complicando. El tiempo es un factor sistémico, es decir, que un problema en una de nuestras actividades puede afectar notablemente a otra actividad que aparentemente no tenga relación con la primera. Si nos faltan horas de descanso, es evidente que estaremos afectando nuestro rendimiento en el trabajo. Pero quizás uno de los problemas que más afectan el uso de nuestro tiempo disponible, es una mala planificación de nuestra agenda.

Por señalar algunos factores que nos afectan:

- Interrupciones permanentes, sean personales o vía mail o llamadas telefónicas, lo cual creemos que todo lo tenemos que atender.

- Reuniones estériles o que podrían haberse evitado.

- Una mala priorización de las tareas y responsabilidades.

- Creemos que estando más horas en el trabajo seremos más productivos.

- Estamos convencidos que cuánto más aceleremos (atender lo urgente e inmediato) seremos más eficaces.

En países como Austria o Noruega, si una persona se queda más allá de su horario de trabajo, levanta sospechas en compañeros y jefes respecto a su rendimiento. Por aquello de que si no ha terminado su tarea es porque no ha sabido gestionar bien su tiempo, lo que redunda en pérdida evidente para la organización según la cultura de estos países.

Partiendo de la base de que uno de los mayores males de la época actual es no tener tiempo para nada, en realidad podríamos tenerlo, pero somos unos desordenados. Nuestra agenda es la que fija nuestras prioridades. Si no se encuentra tiempo para algo, no es un buen síntoma. Si determinadas citas o encuentros son sistemáticamente retrasados, es una señal inequívoca de que no son estratégicamente cruciales. Entonces, ¿será que no tenemos tiempo para nada o que no sabemos priorizar lo importante en nuestra vida familiar, laboral y social?

Tomemos por ejemplo, el caso del correo electrónico. La mayoría de las personas dedica de media entre dos a cuatro horas diarias contestando mensajes electrónicos, cuando la mayoría de estos pueden esperar unas horas más o ser contestados al día siguiente. Una vez más la prioridad, que nos hace olvidar que se puede delegar la respuesta de los mensajes que sean menos importantes.

Estamos acostumbrados a ver a todas las personas a nuestro alrededor, sea en los ámbitos de trabajo o en la cafetería en la que desayunan en tan sólo 7 minutos, imprimiendo un ritmo acelerado (a veces desenfrenado) pero no se sabe muy bien por qué. ¿Es necesario provocarnos a nosotros mismos esa presión constante? Por supuesto que no.

Analizando algunos de los estudios realizados a diferentes CEO's y directivos, ante la pregunta de por qué esa obsesión por la velocidad y ese estar acelerados como norma, la respuesta media que siempre se obtiene es "tenía la necesidad de estar constantemente produciendo". Claro está, que una cosa es la percepción que ese directivo tenga sobre su productividad y la forma de hacer las cosas sin detenerse ni un momento, pero otra muy diferente es si realmente es efectivo. ¿O acaso la eficacia depende sólo del nivel de aceleración que pongamos en las tareas? Por supuesto que no.

Hay personas que llenan su agenda de reuniones y tareas que saben de antemano no podrán cumplir, pero responde a esa obsesión de sentir que están muy solicitadas, que no pueden parar y que sienten como si hubiera un observador que les está controlando a ver si están trabajando, lo que les genera un estrés innecesario, justamente cuando hay que hacer lo contrario: desacelerar para volver a tomar impulso pero sin tensiones, ni estar sugestionados con controles que no existen.

¿Se ha preguntado alguna vez cuántas reuniones estériles, que no aportan nada ni en lo inmediato ni a medio plazo, mantiene por día, como si de esta manera estuviese limpiando su consciencia? Le aconsejamos empezar a conjugar el verbo "desestimar", que significa que debe dejar de lado todo aquello que llena su agenda, pero que es absolutamente prescindible. Y en caso de que hubiera algo que tiene importancia, debería priorizarlo como es debido y no a la carrera en una agenda que no perdona cinco minutos de su tiempo.

Actitud al asumir nuevas responsabilidades

Antes de asumir un nuevo proyecto, tarea o responsabilidad, pregúntese: "¿Por qué estoy haciendo esto?". Pero siga preguntándose si realmente lo que tiene entre manos y que le está dando prioridad, en realidad es una cuestión prioritaria y respóndase a ver si tiene una respuesta satisfactoria. En la medida que su respuesta esté en la línea de "esto lo hago para quedar bien con mi compañero de equipo" o "cómo líder tengo que remangarme y demostrar que soy capaz de trabajar a la par con mis equipos", son pensamientos que pueden ser muy bonitos pero poco efectivos. Primero, porque va a invertir un tiempo precioso en una tarea y/o responsabilidad que no está entre sus funciones naturales, como empleado o como líder. Aunque si bien es cierto que el colaboracionismo profesional es el que se está imponiendo en las organizaciones, nada tiene que ver con ser colaborativo cuando se llevan a cabo taras que no son las habituales de esa persona, que le genera una incomodidad porque no está seguro ni en lo que hace, ni en lo que deja de hacer para poder colaborar casi de manera forzada. Porque está acelerado por su agenda y la de la otra persona. El ser colaborativo implica planificación y delegación de tareas de manera eficaz, no andar disparado a lo loco sin agenda ni plan.

En segundo lugar, tiene que aprender a decir que no, tantas veces como sea necesario. No por ser aseverativo en las relaciones interpersonales se va a lograr una mayor eficiencia en el equipo. Más bien al contrario, cuando se están forzando tareas que no son las naturales para esa persona o cuando no están claras para qué se hacen, por lo que se está complicando también la agenda de varios empleados y comprometiendo su cumplimiento de tareas habituales.

Hay que aprender de los lideres exitosos que cuando analizamos sus trayectorias, vemos que han dicho más veces que "no" que "sí". Y no por ello dejaron de ser líderes eficaces. Y una cosa que surge claro de este tipo de liderazgo: abiertamente admiten que no lo hacen todo y que sólo hacen lo que más les importa, o que en su visión consideran que es realmente importante, o sin serlo tanto, se convierte esa acción en prioritaria.

Además, si las personas que son próximas al líder no están consubstanciadas con su visión, no es que éstas estén fallando, sino la capacidad que él tiene que ejercer en el personal, explicando y formando, no la está ejerciendo, por tanto, va a contar con personas (al menos algunas de ellas) que no estén alineadas ni con la visión ni con la misión. Y es aquí en dónde empiezan a debilitarse los compromisos que se supone el personal debe asumir con la organización.

El trabajo es una fuente de energía no de estrés

Es evidente que personas que ejercen un liderazgo efectivo, entre sus virtudes está la de energizar a las personas, especialmente el entorno más próximo. El propio trabajo cuando se hace con un alto nivel de satisfacción y se asume ese compromiso con el resto de miembros de los equipos y/o departamentos, se está energizando, por lo que la mentalidad es ganadora, no hay obstáculos que se antepongan ante un grupo humano con visión, misión e ideas clara. Se libera la creatividad y los niveles de productividad suben.

Pero en todo este proceso, la agenda ha sido ocupada por compromisos que son importantes y se ha tenido que decir que no varias veces. El estrés que se genera en los ambientes y que muchas personas ayudan a que se eleve, en realidad subyace en los pensamientos de las personas, en la actitud que asumen frente a los retos y también los problemas. El estrés requiere de una incapacidad para gobernar la agenda, las diferentes situaciones que hay que atender por motivo del cambio constante, pero no puede dejarse que invada de manera descontrolada ni a personas ni a equipos.

El líder sabe que en la medida que ayude a canalizar toda esa energía positiva, a enseñar a desacelerar para volver a tomar impulso, no habrá estrés negativo en ese ambiente de trabajo porque no hay más espacio que para actitudes energizantes.

En la medida que el estrés se elimina del pensamiento, se liberan todo tipo de bloqueos, se abre la mente a la creatividad y hacia actitudes determinantes para resolver lo que se tenga entre manos. Cuando tomamos la decisión de sentirnos bien, de ver lo bueno, de permitir lo bueno, una corriente fluye hacia nosotros inundándonos de facilidad para llevar a cabo tareas y asumir responsabilidades.

Tomarse un respiro

Cuando el líder efectivo va dos veces por semana a un gimnasio en horas del mediodía, su agenda no es que ha priorizado mal, sino que ha elegido hacer un momento de inactividad, aunque sólo sea para relajarse e incluso pensar con tranquilidad algunas cuestiones que le preocupan. Pero evidentemente, su eficacia le ha enseñado con los años, qué comidas podía evitar tener y aprovechar el tiempo de otra manera. Qué fin está persiguiendo: desacelerarse para obtener nuevos bríos y fuerzas que necesita para afrontar el resto de la semana. Recargar baterías es bueno a nivel personal y de la organización. Las personas que de él dependen, sentirán aplomo, que nos les genera tensión innecesaria y que el ambiente laboral propicia un nivel de convivencia muy satisfactorio.

Dar una vuelta la manzana si no tiene el tiempo necesario ese día para practicar ejercicio, es suficiente para respirar profundo, reflexionar y lograr un nivel de energía que automáticamente invade a las personas con ir a un parque o una plaza. Sólo con el contacto con la naturaleza es suministrarnos una dosis de energía pura.

Por tanto, nuestro consejo es que no se acelere en la falsa creencia que está siendo más efectivo. Sepa dar un paso atrás, como cuando el pintor mira su obra con otra perspectiva y después vuelve justo enfrente del lienzo para dar sus últimas pinceladas. Sepa ver el cuadro en su conjunto, busque la perspectiva de ese día o esa semana, libere su agenda de todo lo prescindible y enseñe como líder a su personal a actuar en consecuencia. Seguramente tendrá a personas y equipos alineados hacia una meta común.

Queja e ira: malas consejeras

Cada vez que se analizan comportamientos como la queja y la ira en las relaciones interpersonales en las organizaciones, no sólo se está afectando el buen ambiente, sino que también está alterando la salud física y mental de quiénes se conducen de esa manera. Quejarse y más aún, llegar a situaciones de descontrol emocional como es la ira, según la ciencia afecta la salud mental y física de quién lo hace.

¿Por qué las personas se quejan? Desde ya que tienen derecho a hacerlo, la cuestión es la forma en que lo hacen. Pueden llegar a torturar a otras personas de su entorno, laboral o familiar, con la negatividad constante. En los casos en que ante un enojo muy fuerte se escucha lo que coloquialmente se llama "estaba pegando voces", no sólo está sacando al exterior sus emociones, sino que cree que es la manera de sentirse mejor. De desfogarse.

Pero la ciencia sugiere que hay algunos defectos graves en ese razonamiento. No sólo expresar negatividad hace que no nos sintamos mejor, sino que también se atrapa en dichas actitudes negativas a las personas de nuestro entorno, porque estas emociones afectan por contagio.

El desfogue o dejar libertad absoluta a las emociones para que salgan, no es bueno para la salud. Esa rabieta que nos hace pegar cuatro gritos y coloca a la persona en la categoría de irascible y que se deja llevar por la ira, tiene consecuencias.

No es bueno cargar con negatividad a las personas que están a nuestro alrededor. Cuando la mayoría de nosotros, incluso puede disfrutar de descargar esa ansiedad con un grito o con un gesto pegando sobre un escritorio, ventilar así al exterior nuestras emociones, creemos que nos sentiremos mejor. Pero en realidad, las personas que reciben el impacto de nuestro enojo y queja, no les hace gracia alguna, los predispone mal para entablar diálogo con nosotros por un rato o todo el día. A veces, se quiebran relaciones porque las otras personas temen a reacciones extra temporáneas.

Este tipo de situaciones las describe perfectamente Jeffrey Lohr, que dice que "en ese momento en el que se produce esa ventilación del enojo o la ira, nos sentimos mejor, pero en realidad es que nos sentimos menos mal", o sea que no es que mejore nuestro estado, sino que será una sensación de que sea menos malo. En definitiva no es bueno, porque nada se soluciona, por el contario se empeora.

Lohr, professor de psicología de la Universidad de Arkansas, es coautor del estudio de 2007 *"The Pseudopsychology of Venting in the Treatment of Anger: Implications and Alternatives for Mental Health Practice,"* (La pseudo psicología del desfogue en el tratamiento de la ira: implicaciones y alternativas para la práctica de una salud mental) publicado en *"Scientific Review of Mental Health Practice",* al revisar los resultados de la investigación sobre la expresión del enojo -incluyendo los primeros experimentos en 1959- él y sus co-investigadores encontraron que la ventilación carece de apoyo científico y desafía directamente la integridad de la buena práctica de salud mental y pone a las personas en riesgo". Es conveniente pensar antes de gritar, porque la investigación indica que las reacciones con la cabeza caliente pueden aumentar la ira, no disminuirla.

El enojo que provoca la ira es una expresión emocional, pero se está completamente equivocado si se piensa que una vez pasado el mal momento, ayuda a solucionar el problema que nos ha provocado tal reacción.

Muchos otros psicólogos están de acuerdo. En un estudio de 2013 *"Anger on the Internet" (El enojo en Internet),* publicado en *"Cyberpsychology, Behavior, and Social Networking"(Ciberpsicología, Comportamiento y Redes Sociales),* los investigadores descubrieron que los usuarios de los sitios de la red en los que se permita el insulto o expresiones violentas, son más propensos a la ira en general y más a menudo las personas que concurren a estos sitios, participan en comportamientos negativos como las peleas verbales y físicas, o también la conducción imprudente. En vez de que los usuarios de dichos sitios dejen liberar las tensiones de manera ordenada y carente de palabras y expresiones que generen violencia, por el contario, las alimentan y el nivel de la ira y el enojo crecen.

La evolución de nuestra especie humana ha dado a la ira estadios de desarrollo diferentes, porque en el origen de las andanzas del hombre sobre la tierra, evidentemente la ira era la emoción normal para dar respuesta a las amenazas de la naturaleza, incluyendo otros animales más fuertes que el hombre. Pero el hombre y mujer contemporáneos según las investigaciones, hace que el desfogue se convierta en un proceso de refuerzo negativo, porque al expresarse enojo e ira de manera descontrolada, al menos en algunos momentos y frente a determinadas circunstancias, lo que se está produciendo en el cerebro es una reacción encadenada de más ira y enojo.

Nuestro cerebro puede ayudar a disipar la ira si no sale disparada, porque en vez de controlarla, la exacerba aún más.

Por ello, los investigadores que han abordado este temática tan desconocida en la relación interpersonal diaria, aconsejan que las personas se comporten de manera asertiva.

Entre los consejos que suelen darse al respecto, tenemos que:

1º) Darse un respiro

Los estudios han demostrado que la ira se disipa más rápido cuando las personas practican respiraciones profundas, o se relajan caminando y haciendo una respiración pausada. Cuando se está en una situación en la que se siente como si las emociones estuvieran fuera de control, hay que tomarse un descanso.

Cualquier acción que haga imposible sostener el estado de enojo puede ayudar a desactivar la ira.

2º) Buena comunicación interpersonal como vacuna contra la ira

Expresar afecto a pesar de estar tratando un problema serio, es un buen instrumento para desactivar enojos inoportunos o iras desatadas que no conducen a nada. En vez de aprender ciertas habilidades para gestionar la ira, basta con que las personas tengan predisposición para comunicarse sinceramente y con afecto. En vez de confrontación con otra u otras personas, mejor es conciliación. Evitar el acaloramiento de un momento, no dejándose llevar por ese tópico tan habitual de que la "culpa no es mía sino de la otra persona". Esto sólo lleva a incrementar la tensión.

Lo aconsejable es abordar el problema que divide opiniones y genera tensión, en un camino respetuoso en el que se viertan expresiones tales como "me hubiese gustado que me consultaras antes de tomar esa decisión" en vez de liberar con toda la fuerza una expresión como "¡por qué no me has dicho nada...siempre haces lo mismo!". La primera de las expresiones utilizables es demostrar que se está dispuesto, a pesar de las diferencias manifiestas, a escuchar y buscar una respuesta de consenso, buscando posibles soluciones. Resolver un conflicto de manera sosegada, es lo normal en personas responsables y que cuidan el buen nivel de relación en el ámbito de trabajo.

Steve Parton, un autor y estudioso de la naturaleza humana, explica cómo quejarse no sólo altera el cerebro para peor, sino que también tiene graves repercusiones negativas para la salud mental. De hecho, llega a decir que la queja puede literalmente matar a una persona. Lo que sucede es que de las primeras lecciones que aprenden los estudiantes de neurociencia, es que a lo largo y ancho del cerebro existen una serie de sinapsis (aproximación intercelular entre neuronas) que están produciendo diferentes impulsos nerviosos.

Cada vez que se tiene un pensamiento, una sinapsis dispara un impulso químico hacia otra sinapsis, construyendo así un puente sobre el cual una señal eléctrica puede cruzar. Lo que está produciendo es un paso de información.

Cada vez que se activa esta carga eléctrica, las sinapsis se acercan para disminuir la distancia que la carga eléctrica tiene que cruzar, porque el cerebro cambia y adapta su propio circuito para hacer más fácil y más probable que las sinapsis apropiadas compartan la transmisión química facilitando el desencadenamiento del pensamiento. Es por ello, que los pensamientos negativos repetidos hacen que sea más fácil pensar aún más pensamientos negativos. Lo que nos hace concluir, que ser insistentes de manera sistemática en la negatividad, empieza a empujar la personalidad hacia lo negativo.

Cuando vemos a alguien experimentando una emoción (ya sea ira, tristeza, felicidad, etc.), nuestro cerebro prueba esa misma emoción para imaginar lo que la otra persona está pasando, y lo hace intentando disparar las mismas sinapsis en su propio cerebro para que pueda tratar de relacionarse con la emoción que está observando. Esto es básicamente la empatía. Ponerse en el lugar del otro y sentir las mismas emociones.

En cuanto a los sentimientos que provocan en la otra persona nuestra forma de actuar empática, se está generando una sinapsis también positiva que hace que dicha relación interpersonal se acelere y busque puntos de encuentro y no de desacuerdo. Por eso el líder efectivo neutralizará y aún de manera más contundente, tratará de eliminar de raíz todo vestigio de conductas que no sólo carezcan de empatía, sino que puedan dar lugar a que el enojo y la ira afloren y se descontrolen.

Cultura de gratitud y compromiso

El gran filósofo chino Lao Tsé decía que "el agradecimiento es la memoria del corazón". Otro grande de la historia, aunque mucho más contemporáneo, Johann Wolfgang von Goethe (1749-1832), poeta, novelista y dramaturgo alemán, afirmaba que "si nos encontramos a alguien que nos debe agradecimiento, enseguida lo recordamos. ¡Cuántas veces nos encontramos a alguien al que debemos agradecimiento y no pensamos en ello!".

En la China antigua, en la Europa de los siglos XVIII y XIX ya había pensadores y autores que de alguna u otra manera se referían a la importancia del agradecimiento en las relaciones humanas.

La gratitud es algo espontáneo, en que por lo general algunas personas humildes, lo único que piden es que se les agradezca lo que han hecho por otros. Sea un gesto independiente de los que se hacen en los ámbitos laborales, o un favor estrictamente profesional. Pero hay muchas personas, que no tienen este sentimiento a flor de piel, pesa más su orgullo y con frecuencia olvidan las ayudas y favores de otros.

Expresar gratitud como una forma de conducirnos en la vida, o sea hacerlo de manera regular, no sólo es bueno para las personas que la practican, sino para todas aquellas que forman parte de ese grupo humano en los lugares de trabajo. Pero no podemos encasillar la gratitud de una sola forma, porque se puede expresar de muchas maneras diferentes, teniendo que ver con la personalidad de quién lo expresa y las circunstancias que concurren.

Normalmente nos referimos a ella como una emoción que se produce después de que una o más personas reciban algún tipo de favor o ayuda, pero también está dirigida a apreciar las acciones útiles de otras personas o incluso la apreciación de sus habilidades, o de un clima en el que el trabajo sereno es posible.

Lo que sí es cierto es que produce beneficios para nuestro bienestar emocional y físico que puede traducirse en:

- Un ambiente de trabajo más relajado y positivo. Lo que hemos referido en ocasiones anteriores como el wellbeing.

- Los empleados tienen una mayor satisfacción por estar trabajando en la empresa con sus compañeros varias horas todos los días, generándoles una felicidad razonable en compartir emociones, logros y asumir en conjunto un compromiso con la organización.

- Se incrementa la eficacia personal y la mejora en el trabajo de equipo.

- Se mejora la cultura corporativa, incorporando lo que es el valor de la utilidad en las acciones individuales y de grupo, siendo la gratitud un instrumento muy poderoso para la cohesión de los diferentes grupos y mejora de la comunicación personal.

Las investigaciones más recientes focalizan un modelo de gratitud desde una óptica mucho más amplia, porque no sólo se estudia aquella gratitud que surge como consecuencia de nuestra actitud de ayuda hacia otras personas, sino que también centra el enfoque en apreciar los aspectos positivos de la vida. Para que esta forma de abarcar el fenómeno sea útil, se analizan las diferencias individuales que perciben cada persona tanto en agradecimiento como en bienestar. Se da importancia a las relaciones interpersonales y también a las de salud. De esta manera, las investigaciones priorizan el funcionamiento humanísticamente orientado.

Lo que sí está fuera de toda duda, que la gratitud está fuertemente relacionada con el bienestar, lo que incluye afectos positivos y principios de ampliación y construcción de los mismos. Un ambiente cargado de tensión no es propicio para construir afectos y agradecimientos.

De nuestros análisis de cuál es el estado actual de las investigaciones en este campo de la psicología clínica, que es perfectamente aplicable –de ahí nuestro interés- al ámbito de las organizaciones, nos interesa en particular el nivel de emociones y sentimientos compartidos. Especialmente las relaciones entre los miembros de los diferentes equipos y/o departamentos, así como entre personal y directivos.

Las diferentes investigaciones se caracterizan por tener aún hoy una falta de acuerdo a nivel de la psicología clínica, en cuanto a la naturaleza de la gratitud, aunque sí en la psicología organizacional se consideras una emoción que se produce después de que las personas reciban ayuda que se percibe como costosa, valiosa y altruista. La afirmación es de los autores Wood, Malby, Stewart, Linley y Joseph, en 2008. Sobre esta base, varios investigadores han conceptualizado la gratitud como una emoción que siempre está encaminada a apreciar las acciones útiles de otras personas, concepto que suscribieron en 2001 autores como McCullough, Kilpatrick, Emmons y Larson.

Esta concepción, sin embargo, no capta completamente los aspectos de la vida que las personas denuncian como sus fuentes de gratitud. La gratitud puede surgir de fuentes tales como la apreciación de las capacidades de una persona, o de un clima en el cual determinado trabajo y la manera de llevarlo a cabo es la acertada.

Esto nos lleva también, a otras aproximaciones que las investigaciones clínicas han llevado a cabo y que son perfectamente aplicables a las relaciones interpersonales en las organizaciones. Tales circunstancias se manifiestan por el sacrificio que hacen personas agradecidas hacia otras en aras de un bien mayor. O sea, por el equipo, la empresa, el proyecto, etc.

En un estudio publicado en 2010 por la "American Psychological Association Journal Emotion" los investigadores descubrieron que "la gratitud funciona para mejorar el comportamiento económico cooperativo y no egoísta". En el ámbito de las empresas lo traducimos como colaboracionismo profesional, cohesión de equipo, intereses compartidos, etc.

También sorprende en estos estudios determinadas situaciones que se daban, incluso cuando se trataba con extraños y no había perspectiva clara de reciprocidad, pero que igualmente los individuos agradecidos tomaron sus decisiones basadas en lo que era bueno para el grupo, a pesar de que estaban en contra de su intereses individuales.

La gratitud, según sostuvieron los investigadores, tuvo una influencia directa y positiva en el juicio que las diferentes personas hacían, lo que indicaba la formación clara de un criterio sobre determinado tema.

Las personas agradecidas son menos agresivas

En la Universidad de Kentucky, algunos estudiantes que formaron parte de una investigación, recibieron elogios por su escritura, cuando a otros se les hizo una evaluación cuyo resultado daba como regular. Esto generó una situación en la que los estudiantes jugaron un juego con la persona que había hecho la evaluación, en la que podrían hacer ruido cuando algo no les sentaba bien.

En general, los escritores evaluados como regulares, eran los que reaccionaban más violentamente generando el ruido. Aunque en el grupo de los evaluados como regulares, había algunos que fueron previamente instruidos para escribir ensayos sobre cosas por las que estaban agradecidos. Entonces, a pesar de haber sido calificados como regulares, los estudiantes que habían escrito sobre su gratitud eran menos propensos a hacer ese ruido fuerte en contra de su evaluador y críticos. Nathan Devall, que dirigió el estudio afirma que "la gratitud es algo más que sentirse bien, porque ayuda a las personas a ser menos agresivas mejorando su empatía".

¿Cuál es la moraleja para el liderazgo efectivo y qué deben de tener en cuenta los líderes eficaces?

Sin duda existen diferentes personalidades de líderes, pero una cosa es cierta: la manera en que tratan a las personas que están bajo su mando, es enseñándoles el valor que significa la gratitud y el agradecimiento.

¡Cuántas carreras profesionales y personales se habrán malogrado por culpa de un mal jefe! En el presente, el liderazgo efectivo es uno de los campos del conocimiento en la "Teoría de las organizaciones" que más se ha desarrollado en los últimos diez años. La razón para que el buen liderazgo esté en vanguardia con los últimos conocimientos e investigaciones, es porque la clave de su ejercicio pasa más por lo humano que por lo técnico.

No despreciamos ni herramientas de dirección ni modelos de negocio. Pero sí debemos instar a todos los directivos, empresarios y profesionales que trabajan dentro y fuera de las organizaciones, pero que su esfuerzo es para y por éstas, a mejorar cada día los aspectos emocionales, que corresponden a un ámbito que tiene tremendo impacto en la cultura corporativa, en la motivación del personal y en el compromiso con la misión y objetivos. Pero por encima de todo, en haber logrado un ambiente libre de tensiones, en el que las personas estén satisfechas, tengan un nivel de felicidad razonable y vislumbren un futuro en sus vidas. Que vean que las cosas que se hacen en la empresa, es con un fin de mejora continua, que se vive bien en compañía de los diferentes compañeros/as y que existe una preocupación real por la vida de cada uno de ellos. Que forma parte de la cultura y filosofía de la dirección.

Desarrollo de buenos líderes

Cada vez que analizamos cuáles son las claves para el desarrollo de líderes eficaces, se llega a la conclusión que los secretos de la ejecución exitosa de diferentes estrategias en organizaciones que contaban con un liderazgo fuerte, superaron ampliamente a otras organizaciones aunque fueran similares sus estructuras y servicios ofrecidos, porque la diferencia, la auténtica ventaja competitiva estaba en el buen liderazgo. Parece un intangible, pero en realidad no lo es. Es un activo en toda regla, cuya capacidad económica está en lograr y encauzar la sostenibilidad de la organización de cara a un futuro mediato.

Es un hecho bien conocido también, que una gran parte de los programas de desarrollo de liderazgo corporativo son ineficaces, o al menos no llegan a los resultados que se espera de ellos. ¿A qué se debe? Se pueden identificar algunos culpables que podríamos considerar como elementos comunes, como por ejemplo, que las iniciativas de desarrollo de liderazgo no estén en línea con las estrategias de la empresa y los resultados empresariales. También que no se encuadre dentro de los factores de éxito ni los nuevos enfoques que ayudan a las empresas y sus líderes a lograr un gran rendimiento, así como una precisa implementación de las acciones. Por ejemplo, la actual transformación digital que trae de cabeza, especialmente a las PYMES.

La ejecución de acciones estratégicas es esencial para impulsar los resultados. La experiencia nos demuestra que estrategias pobres rara vez producen resultados positivos. Sin embargo, las buenas estrategias también pueden fracasar. ¿A qué se pueden atribuir estos posibles fracasos? La razón más común es la falta de lo que algunos expertos llaman la "ejecución excepcional de la estrategia", que en términos más coloquiales significa: elección, oportunidad y capacidad de puesta en marcha con los recursos disponibles.

También, un punto en el cual coinciden consultores y autores, es en la capacidad de adaptación de la estrategia a los recursos al menos disponibles en ese momento. La cuestión estriba, que en la medida que se esté asistiendo a una organización (servicio de consultoría) en incrementar la capacidad decisoria de sus directivos, aquella adaptación que podía ser forzosa en algunas circunstancias, se acomoda mucho más a todo tipo de recurso existente y a saber capitalizar tanto el talento actual como el que se supone va a contar la organización a breve plazo con este esfuerzo en desarrollar el liderazgo.

El desarrollo de la capacitación en liderazgo tiene por finalidad acelerar la transformación del negocio. La mayoría de los procesos organizacionales - cambio, talento, equipos, compromiso, innovación, colaboración - se mantienen o caen dependiendo cuál es la calidad del liderazgo.

Punto de apalancamiento

El liderazgo demuestra, una y otra vez, ser el factor crítico que permite orientar y canalizar toda la energía humana y también los RRHH con el talento adecuado para que las personas puedan desarrollar las funciones y responsabilidades asignadas, de manera tal que se llega a un punto de leverage (apalancamiento) para que la capacidad de las organizaciones dependa de cuál es el nivel de desarrollo de la capacitación en liderazgo. Tan simple como esto. Buen liderazgo buena gestión en la empresa. Y a mayor desarrollo de las capacidades de liderazgo de los actuales directivos o del líder, mayores y mejores resultados a corto y medio plazo.

Saber definirse como líder

Para que esto sea posible es importante ayudar a las personas en puestos de responsabilidad y con personal a cargo, enseñándoles a que sepan definirse como líderes, para lo cual tienen que preocuparse por crecer en habilidades prácticas, tanto técnicas como emocionales, dirigidas éstas últimas con el único propósito de una dirección eficaz de personas.

Entendemos que hay un límite de lo que se puede hacer para orientar la personalidad del que se supone va a ser él/la líder de la organización. Esta tarea que está en manos de expertos externos y metodología de coaching, puede hacer mucho por los factores instrumentales pero poco en cuanto a la tipología de personalidad que es algo que ya vine definiendo la persona a lo largo de su vida.

De ahí que, en jóvenes promesas profesionales, las organizaciones punteras dedican especial tiempo al training y formación, porque a medida que la experiencia se acumula con situaciones a veces complejas que se tienen que resolver, se va forjando el carácter del líder y acostumbrándolo a que la toma de decisiones rápida es vital para la buena salud de los negocios.

No hay personalidad ideal para el liderazgo

Rechazamos la idea de que hay una tipología ideal para el liderazgo. Cualquier configuración de rasgos y capacidades humanas puede desplegarse como liderazgo cuando una persona aprende a supervisar, administrar y dominar los procesos de toma de decisiones y acción.

Lo importante es desarrollar la capacidad (formando) desde lo que técnicamente se llama nivel de inicio o entrada, cuya finalidad es ir fomentando la conciencia de uno mismo, la confianza y la iniciativa. Sin duda atributos del líder eficaz.

El desarrollo del liderazgo exige trabajar como si en un laboratorio se tratase, con el talento, que es justamente el liderazgo futuro de cualquier organización. Su capacidad de generar beneficios a medio y largo plazo. Esto forma parte de una cultura de liderazgo.

Buscar la propia autoridad moral y técnica

El líder y los mandos intermedios deben encontrar su propia disciplina, así como su autoridad técnica y moral, como algo natural, ampliando horizontes de manera tal de desarrollar también las habilidades del resto de personas que tendrán a su cargo, para fomentar el trabajo colaborativo, diálogo e innovación.

Es evidente que los directivos que pasen a ejercer funciones de líderes, tendrá que tomar una consciencia especial de tipo político (nos referimos a filosofía y cultura corporativa), pero aumentando las habilidades para el análisis permanente del entorno, desarrollando un pensamiento crítico que a su vez tienen que infundir en su personal. La construcción de cuáles van a ser los escenarios a corto y medio plazo en el cual tendrán que moverse en el mercado.

Y las preguntas de rigor que un buen desarrollador de líderes tiene que formular:

- ¿Está la organización capacitada (tanto en liderazgo como en resto de funciones) de competir en las mismas condiciones de su competencia?

- ¿Está la dirección persuadida de que el esfuerzo formativo y capacitación, al mismo tiempo que entrenamiento, es la materia prima esencial del liderazgo futuro de la empresa?

El buen liderazgo, tanto en el ámbito político como en el organizacional, se rige por un principio básico sustentado en los hechos y no las palabras. Es una regla de oro que se aplica en el Management y el liderazgo desde que se produjera la auténtica revolución en la estructura de las grandes corporaciones estadounidenses, después de la Segunda Guerra Mundial.

Eran tiempos de gran pujanza económica y había mucho que hacer y enseñar, especialmente a las filiales que se iban instalando en diferentes países en los cinco continentes. El Management sufrió una evolución muy importante en los años 50 y 60, para incorporase inmediatamente después el liderazgo, en una carrera también por adaptarse a los tiempos que corrían y lo que la evolución tecnológica de entonces exigía. A esta carrera que nos estamos refiriendo no es ni más ni menos que la primera etapa de lo que se considera desarrollo moderno del liderazgo.

Actualmente estamos viviendo una nueva revolución a partir de la aceleración en la innovación tecnológica que ha supuesto una auténtica transformación de las estructuras organizacionales, además de los métodos y procedimientos de trabajo. No es lo mismo la mercadotecnia de los años 60 que el marketing digital de 2016.

Ahora bien, hay cosas que no cambian con el paso del tiempo, aunque no se esté hablando de ello, ya que determinadas conductas no se modifican (malos hábitos). En cambio, la ventaja para aquellas personas que hacen un esfuerzo por erradicar su forma habitual de hacer determinada tarea o de aplicar determinado procedimiento que no es el que debe aplicarse, adoptando las nuevos métodos que sí debe aplicar, en definitiva, además de corresponder a la forma en la que se adapta a las nuevas circunstancias, le va configurando también una manera más actualizada y práctica de conducirse en la vida.